लक्ष्मी ज्ञान से लक्ष्मी मान

प्रियँका आचार्य

notionpress.com

INDIA · SINGAPORE · MALAYSIA

Notion Press Media Pvt Ltd

No. 50, Chettiyar Agaram Main Road,
Vanagaram, Chennai, Tamil Nadu – 600 095

First Published by Notion Press 2022
Copyright © Priyanka Acharya 2022
All Rights Reserved.

ISBN 979-8-88530-460-3

मैं इस पुस्तक का श्रेय निम्न को देना चाहती हूँ:

मेरे माता पिता
मेरा परिवार
मित्र, सहकर्मी और मार्गदर्शक

और श्री अमिताभ बच्चन

अंतर्वस्तु

कोई पुछता है - आप क्या करते हैं?................ 7

1. कहानी - सुधा: एक गृहिणी................ 11
2. कहानी - सुरभि: एक जूनियर ऑफिसर................. 15
3. कहानी - शुभा - एक बैंक मैनेजर 21
4. कहानी - आर्किटेक्ट पदमा 27
5. कहानी - संपदा एक गाइनेकोलॉजिस्ट................. 31
6. कहानी - प्रभा एक कराटे टीचर...................... 37
7. कहानी - इंदिरा जी - एक बहुत नामांकित
     कंपनी की डायरेक्टर...................... 41
8. कहानी - जया कॉलेज में पढ़ने वाली एक छात्रा.... 47
9. कहानी - विभूति: एक एनजीओ की फाउंडर.......... 51

निष्कर्ष...................... 56

लेखिका का परिचय...................... 57

कोई पुछता है - आप क्या करते हैं?

मैं जॉब करती हूं, मैं बिजनेस करती हूं, मैं हाउसवाइफ हूं, मैं स्टूडेंट हूं। ये जवाब हम सब ने कई बार सुने हैं। सवाल अब ये है की कोई ये क्यों नहीं कहता, मैं घर की लक्ष्मी हूं!

और आज ये घर की लक्ष्मी अपने लंबे से जिम्मेदारी सूची और अपने अधूरे सपनों के लंबे से विशलिस्ट के बीच घिर गई है - इतना घिर गई है, की अपना 'लक्ष्मी' वाला अस्तित्व ही खो बैठी है। अब क्या लक्ष्मी को घर की वित्तीय बातों का ज्ञान नहीं होना चाहिए? कौन बनेगा करोड़पति में जैसे श्री अमिताभ जी कहते हैं - ज्ञान ही आपको आपका हक दिलाता है। वैसे ही लक्ष्मी का ज्ञान ही लक्ष्मी को मान दिलाने में सहाय करेगा।

आज मैं लक्ष्मी से कहना चाहती हूं, की लक्ष्मी संभलने के लिए समय नहीं है ये कहोगे - तो आप खुद के लिए समय नहीं, कुछ ऐसा कह रहे हो!

आप से घर में रौनाक है, और आप से घर में बरकत है
आप से घर में रौनाक है, और आप से घर में बरकत है
फिर क्यों आप के परिवार के अर्थ तंत्र पे, किसी और की रहमत है?!

ईस छोटी सी किताब से मैं आपको नौ कहानियां बताऊंगी। अगर आप गौर से देखेंगे तो इन 9 कहानियों के पात्र के नाम मां दुर्गा या मां लक्ष्मी के ही उप नामों में से हैं! **इस पुस्तक की पहली प्रति श्री अमिताभ बच्चन को भेंट की गई। मैं जिस तरह से महिलाओं का सम्मान करता हूं उससे मैं प्रेरित हूं और इसलिए, इस पुस्तक में उनके कुछ गीत और संवाद भी शामिल हैं जिन्हें मैंने कहानियों में बुना है।**

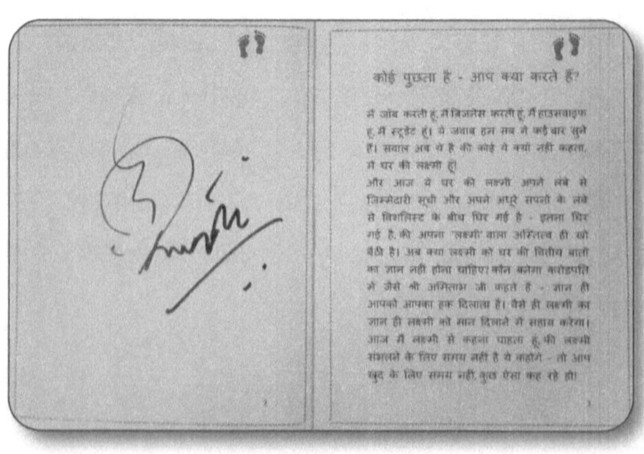

यह कहानियां शुरू करने से पहले एक नन्हीं सी बात बताती हूं। बहुत सारी बेटियां अपने पिता पर निर्भर होती है आर्थिक फैसलों के लिए। यह है ही कुछ ऐसा खास नाता। पर आज मैं आपसे कहना चाहती हूं:

अगर आप अपने पिता की नन्ही परी है तो उनकी उंगली पकडे और उनके साथ बैंक जाइए। एक बार खुद अपने हाथों से डिपाजिट की स्लिप भर लीजिए और अपने आप अपनी गुल्लक से कुछ रकम अपने बैंक अकाउंट में जमा कर दीजिए। याद रखिए यह बस शुरुआत है!

अब अगर आप अपने पिता की जल्दी से बड़ी हो गई बेटी है, तो उनको अपने और लैपटॉप के पास बिठाईये और उनसे सुनते सुनते आज तक उन्होंने जो आपके लिए आर्थिक योजनाएं की है उनकी एक सूची बनाइए। याद रखें यह तो बस शुरुआत है!

अब अगर आप अपने पिता की पराई हो गई वाली बेटी है तो मायके में एक वीडियो कॉल लगाइए और अपने पिता से कहिए कि उन्होंने आपको अपनी परी की तरह बड़ा किया है। बचपन से आपके लिए जो भी योजनाएं की है परियों की तरह उनकी कहानी भी वह आपको आज सुनाएं। उनकी इस नन्हीं सी नाव जो उन्होंने आपके बचपन से बनाई है उनसे अपने जिंदगी के समुंदर को खुशहाल बना लीजिए। याद रखना यह तो बस शुरुआत है!

और अगर मेरी तरह आप अपने पापा से बहुत दूर है तो आंखें बंद करके जरा याद कीजिए वह छोटी सी गुल्लक और जरा सोचिए क्या वह छोटी सी शुरुआत दुनिया की सबसे कीमती शुरुआत थी ना? बस इन मीठी मीठी बातों का मजा लीजिए और इस नन्हे से कदम से लक्ष्मी ज्ञान की शुरुआत कीजिए ताकि इस दुनिया में लक्ष्मी के मान पर कभी कोई आंच ना आने पाए!

कहानी - सुधा: एक गृहिणी

सुधा एक गृहिणी है उसके परिवार में उसके पति शरद और उनके दो बेटे सुनील और समर्थ है| 1 दिन शरद ने घर आकर कहा, इस लॉक डाउन की वजह से हर जगह नौकरियां जा रही है| खुशकिस्मती से मेरी नौकरी तो नहीं गई, पर सैलरी अब से 60 टके हो जाएगी| अब घर चलाने में जरा कटौती करनी होगी| सुधा ने कहा कोई बात नहीं

"आती रहेंगी बहारें जाती रहेंगी बहारें
दिल की नजर से दुनिया को देखो
दुनिया सदा ही हसीन है"

एक आदर्श गृहिणी की तरह सुधा ने घर के खर्चों में कटौती प्लान करना शुरू कर दिया| पर सुनील और समर्थ की ख्वाहिश अनगिनत थी| सुनील को ऑनलाइन क्लास के लिए लैपटॉप चाहिए था और समर्थ को उसके वर्क फ्रॉम होम के लिए एक नई ऑफिस चेयर और टेबल| समर्थ ने हाल ही में अपना व्यवसाय शुरू किया था इसलिए वह शरद पर पूरी तरह से निर्भर था| अब बचत कहां कहां करें? एक जीवन शैली बन चुकी थी सालों से| 1 दिन सुधा सस्ती सब्जियां लई तो किसी ने घर में खाना नहीं खाया| हर हफ्ते चारों बाहर से खाना मंगवाते थे, उस शनिवार घर में खिचड़ी बनाई गई| हर महीने सुनील और समर्थ के लिए दो या तीन नए कपड़े आते थे, अब वह कुछ महीनों तक नहीं आएंगे यह तय हुआ| अब ना कोई वेकेशन होगी ना ही घर पर जो गीता ताई

काम पर आती थी वह आएंगी| सबको अपना काम खुद ही करना होगा| इस नई जीवनशैली का असर घर की खुशहाली पर पड़ने लगा| मित्रों, हम अक्सर अपनी जीवनशैली में ही अपनी खुशियां ढूंढ लेते हैं| हम उन जरूरतों से बाहर ही नहीं निकलना चाहते| जैसे ही हल्का सा बदलाव आ जाए हमारा ध्यान पूरी तरह से उस तकलीफ पर चला जाता है| नतीजा? सुनील की पढ़ाई और समर्थ के नए व्यवसाय दोनों में तनाव आने लगा| 1 दिन सुधा घर के सारे काम खत्म करके शरद के साथ बैठी| कहा यह आमदनी कम क्या हुई सारे घर का माहौल बदल गया| अब सुधा ने अचानक से कहा, "शरद मैंने कभी आपसे पूछा नहीं पर हमारे पास कुछ तो बचत होगी ना जो इस समय हमारे काम आ सके| आप मुझे जो घर खर्च के लिए हर महीने पैसे देते हो उसके बाद बाकी सैलरी का क्या होता है मुझे बिल्कुल पता नहीं|" शरद ने पहली बार लैपटॉप में अपने इन्वेस्टमेंट के लिस्ट खोलकर सुधा को दिखाइ| देखते ही सुधा के अंदर की लक्ष्मी जाग उठी| सुधा ने कहा "अरे शरद, आप भी ना! हमारे पास यह जो बचत है उसका इस्तेमाल हम कर सकते हैं, और यह देखिए जो इन्वेस्टमेंट आपने सुनील की फीस को ध्यान में रखकर किए थे उनसे पैसे निकालकर लैपटॉप दिला सकते हैं ना| शरद ने खुद कभी अपने लिस्ट को इतने ध्यान से नहीं देखा था| यह बारीकियां सुधा देख पाई| शरद ने कहा तुम कैसे इतना जल्दी यह पकड़ पाई| सुधा ने कहा अरे आप जो मुझे घर खर्च के लिए पैसे देते हो ना उनमें से कई बार मेरी बचत होती है उस बचत से ही वह सारी ख्वाहिशें पूरी होती है जो बच्चे आपको कहने से डरते हैं|

इस कहानी को पढ़कर एक बार जरूर सोचें क्या आपने अपने घर की लक्ष्मी को अपनी टीम में शामिल किया या फिर वह चुपके चुपके अपना गुप्त धन बढ़ा रही है और आप अपनी ही धुन में कहीं ना कहीं इन्वेस्टमेंट करके भूल जाते हैं| क्या सुधा को घर की फाइनेंस मिनिस्टर बनने का हक है???

अगर आपका जवाब हां है तो सुरभि की अगली कहानी जरूर पढ़ें|

इस कहानी को पढ़ने के बाद मेरे अपने विचार क्या हैं?:

____

____

____

____

____

कहानी - सुरभि: एक जूनियर ऑफिसर

जैसे ही कॉलेज की पढ़ाई खत्म हुई सुरभि को हर त्योहार हर फंक्शन में कहा जाता था बस अब तो तेरी बारी| कॉलेज में ही किसी ने प्रपोज कर दिया है या हम तेरी बात कही चलाएं?! सुरभि हर बार पिता जी से शिकायत करती - "पापा अभी तो मैंने बस कॉलेज की पढ़ाई खत्म की है, क्या मैं अपने पैरों पर खड़ी नहीं हो सकती? जरूरी है कि ग्रेजुएशन हो गई तो मुझे अब आप यहां से विदा कर देंगे?" सुरभि के पापा काफी मॉडर्न खयालात के थे| "अरे बेटा, जब यह सब तुम से ऐसे सवाल पूछे तो मन में गाना

मेरे अंगने में तुम्हारा क्या काम है
जो है नाम वाला वही तो बदनाम है

अब मेरी बेटी है ही इतनी प्यारी कि सब उसके लिए राजकुमार ढूंढने में लगे हैं! पर यह देख, आज ही मेरे दोस्तों के व्हाट्सएप ग्रुप में जूनियर ऑफिसर की नौकरी की एडवर्टाइजमेंट आई है| मैं सोच रहा था, तू अब आगे पढ़ाई करने की तैयारी के साथ-साथ थोड़ा अनुभव भी ले ले| सुरभि को अपने पापा पर नाज हुआ और बस 7 दिन बाद उसने वह नौकरी शुरू कर दी| अपने पैरों पर खड़े होने की खुशी सुरभि बयां नहीं कर पा रही थी| अब एक महीने बाद पहली तनख्वाह आई और सुरभि ने घर पर सब के लिए उपहार लाए| फिर दूसरी तनख्वाह से पहले पापा ने कहा, "बेटा, मैं नयन अंकल को बुला रहा हूं शनिवार को| उनसे

थोड़े इन्वेस्टमेंट करवाने| सुरभि ने कहा, "हां पापा, मैंने पढ़ा था इंटरनेट पर| मैं सोच ही रही थी कि आप से बात करूं|" बेटा, नयन जी हमारे यहां सालों से आते हैं और वही हमें सही सलाह देंगे| तुम यह सब इंटरनेट वगैरह में समय बर्बाद ना कर| शनिवार को नयन जी ने खुद ही कुछ योजना की बात की| सुरभि के कुछ सवाल थे पर इस बार पापा ने कुछ नहीं बोलने दिया| पापा और नयन जी ने ही सब कुछ तय कर लिया और सुरभि से कहा "बेटा चलो फॉर्म पर साइन कर दो"| सुरभि ने कहा, "पापा आप ही तो कहते हो कि पढ़े बिना साइन नहीं करनी है"| पापा बिल्कुल नाराज हो गए और तीन-चार दिन तक घर का माहौल बिगड़ा हुआ रहा| सुरभि ने फिर पापा से आकर माफी मांग ली और हर साल जो पापा करवाते थे वही इन्वेस्टमेंट चुपचाप कर ली| यहां तक कि उसने अपने किसी भी डॉक्यूमेंट को कभी देखा तक नहीं था| फाइल हमेशा पापा के पास रहती थी और वह कहते तुझे भरोसा नहीं क्या पापा पर?

अब कुछ साल बाद सुरभि की शादी हुई और अब जब सुरभि और सुमित ने साथ में घर की जिम्मेदारी उठाने के बारे में सोचा तो सुरभि ने पापा से इन्वेस्टमेंट की फाइल मांग ली| हर बात में सुरभि को प्रोत्साहन देने वाले पापा न जाने इन्वेस्टमेंट की बातों से सुरभि को हमेशा नकार देते थे| सुरभि और सुमित के बीच भी तनाव बढ़ने लगा क्योंकि जिम्मेदारियों में सुरभि के पिता के इन्वेस्टमेंट डिसीजन बीच में आने लगे| कई महीनों के बाद सुरभि की मम्मी ने समझाया "बेटा पापा मुझसे कह रहे थे, कि हमारी बेटी को

इतने नाजो से पाला है| अब वह पराए घर चली गई है| कहीं उसके भोलेपन का फायदा उठाया गया और उसकी जो कुछ सालों की सेविंग है वह टूट गई तो| हम हैं ना उसकी जरुरतों को पूरी करने|

अब सुरभि को बात समझ में आई| वह पापा से मिलने गई और बस इतना बोली, "पापा मैं जानती हूं कि आप हमेशा मेरी सुरक्षा के बारे में सबसे पहले सोचते हैं| पर अगर इस तरह आप मुझे सुरक्षित ही करते रहेंगे तो मैं जिम्मेदारियों पर खरी कैसे उतरूं? मैं आपसे बार-बार कहती थी ना, मुझे एक दिन तो सारे इन्वेस्टमेंट समझा दीजिए ताकि मैं भी आपकी सीख पर चलकर भविष्य रोशन बना सकूं| अगर आप मुझे नियमित तौर पर समझा देते तो मैं अच्छी तरह पैसों की हिफाजत कर लेती ना| आप के संस्कारों की और आप की आर्थिक व्यवस्था की!

आपको नहीं लगता कि घर की बेटी घर की लक्ष्मी सुरभि को इस जानकारी का हक है? अगर हां तो चलिए मिलते हैं अगली कहानी में शुभा से!

इस कहानी को पढ़ने के बाद मेरे अपने विचार क्या हैं?:

कहानी - शुभा – एक बैंक मैनेजर

शुभा एक बैंक में सीनियर मैनेजर है| लगभग 15 सालों से बैंक में नौकरी करती है| काम में होनहार शुभा के परिवार में पति और एक 9 साल की बेटी है| शुभा काफी व्यस्त रहती है| सुबह उठकर घर के काम, फिर वक्त पर ऑफिस पहुंचने की चिंता, ऑफिस की कई सारी जिम्मेदारियां| शुभा को तनख्वाह बड़ी अच्छी मिलती है| शाम को घर आकर शालिनी की पढ़ाई और फिर घर की जिम्मेदारियां| घर की आमदनी अच्छे होने से जीवन शैली भी काफी बढ़िया है| अभी 1 साल पहले ही शुभा और संजीव ने मिलकर 3 बीएचके घर खरीदा और नई कार भी| अब EMI तो सब भरते ही है फिर उसमें क्या झिझक ना| शालिनी एक बेहतरीन स्कूल जाती है और उसकी पढ़ाई और बाकी एक्टिविटी के लिए शुभा और संजीव कभी मना नहीं करते| शुभा को गहने, कपड़े, लग्जरी वेकेशन बहुत पसंद है और क्यों ना हो, उसने इतने साल अपनी पढ़ाई और करियर में काफी मेहनत जो की है| किसी मॉल में अगर शुभा को एक डिजाइनर घड़ी पसंद आ गई तो बस फिर क्रेडिट कार्ड स्वाइप करने में जरा भी देरी नहीं|

अब 1 दिन सुबह पड़ोस में रहने वाले स्मिता आंटी घर आए| संडे का दिन था तो सारा परिवार आराम के मूड में था| स्मिता जी ने कहा मैंने अभी फाइनैंशल प्लानिंग सीख लिया है और मेरे पास एक बहुत बढ़िया स्कीम है| अब आप तीनो को तो कहां कोई कमी है, तो सोचा मेरे बिजनेस की शुरुआत आपके ही घर से करूं| शुभा आज तक

फिक्स्ड डिपॉजिट और गोल्ड के अलावा कभी इन्वेस्टमेंट नहीं करती थी| वक्त की कमी होने की वजह से वह और किसी भी इन्वेस्टमेंट को समझने के लिए हमेशा टाल देती| पर यहां तो सामने से चलकर स्मिता जी आ गई थी| अब शुभा ने उन्हें टालना शुरू किया पर स्मिता जी ने तो कह दिया, देखो शुभा, मैं जानती हूं तुम खर्च इतना करती हो कि तुम्हारे इन्वेस्टमेंट ठीक नहीं होंगे| पड़ोसी का इतना तो हक होता ही है| अब चलो बताओ, तुम क्या जानती हो इस स्कीम के बारे में| शुभा कुछ नहीं कह पाई और स्मिता जी ने तुरंत कहा, तुमने कभी यह स्कीम शुरू की ही नहीं| काम, बेटी और घर से फुर्सत मिले तो ना! चलो साइन करके चेक दे दो मैं तो तुमसे ही शुरुआत करूंगी| स्मिता जी मन ही मन गाने लगी

जिसका मुझे था इंतजार,
जिसके लिए दिल था बेकरार,
वो घड़ी आ गई आ गई!!!

अब शुभा ने साइन कर दिया और एक छोटी सी इन्वेस्टमेंट करने के लिए मान गई| जबरदस्ती की इन्वेस्टमेंट से नाखुश होकर उसने डॉक्यूमेंट को बस नाम की खातिर फाइल में रख दिया और फिर कुछ ध्यान नहीं दिया| 3 साल बाद एक फोन आया कि आपके हर महीने पैसे जमा हो रहे थे लेकिन अब नहीं हो रहे| क्या आप स्कीम बंद करना चाहते हो?

ना कभी शुभा ने ध्यान दिया और स्मिता जी इसी गलतफहमी में थी कि हर महीने किश्त अपने आप डेबिट हो रही होंगी|

रिश्तो में भी कड़वाहट आ गई और शुभा ने इन्वेस्टमेंट से और दूर भागना शुरू कर दिया| संजीव को पता चला तो उसने भी डांटना शुरू कर दिया कि तुम औरतों की यही परेशानी है| मुझसे पूछा क्यों नहीं? बस पड़ोसी ने कहा और साइन कर दिया| ड्राइविंग हो या इन्वेस्टमेंट - यह सब तुम औरतों के बस की बात नहीं है|

शालिनी के कोमल मन पर इस बात का गहरा असर हुआ और उसने अगले ही दिन गूगल पर फाइनेंस की बातें पढ़ना शुरू कर दिया| देखते ही देखते एक दिन शालिनी ने आरबीआई, सेबी और आईआरडीए के बने एजुकेशन मेटीरियल को पढ़कर काफी जानकारी हासिल कर ली| शुभा एक दिन ऑफिस में फैमिली डे होने की वजह से शालिनी और संजीव के साथ गई| वहां बच्चों से पूछा गया कि आप कोई परफॉर्मेंस देना चाहोगे| शालिनी ने स्टेज पर जाकर बैंक अकाउंट कैसे संभालना चाहिए इस पर स्पीच दी| शुभा और संजीव चौंक गए और शालिनी ने कहा, "मेरी मम्मी और मैं घर की लक्ष्मी है| आपने सोचा फाइनेंस औरतों के बस की बात नहीं तो बस मैं देखना चाहती थी कि ऐसा तो क्या

मुश्किल है| मुझे पता चला कि बस अगर रोज होमवर्क की तरह 20 मिनट पढ़ ले तो सब आसान है|"

क्या शुभा को घर की लक्ष्मी के मायने समझने में सफलता मिल जाएगी? अगर हां तो अगली कहानी में मिलते हैं आर्किटेक्ट पदमा से!

इस कहानी को पढ़ने के बाद मेरे अपने विचार क्या हैं?:

____

____

____

____

____

____

____

कहानी - आर्किटेक्ट पदमा

पदमा की शादी हुई पियूष से| पदमा एक बहुत काबिल आर्किटेक्ट थी और उसने अपनी कंपनी काफी छोटी उम्र में शुरू कर दी थी सब उसे पदमा भट्ट के नाम से जानते थे और कंपनी का नाम भी पी.बी. एसोसिएट था| शादी के बाद पदमा पंड्या बनने से पदमा कतरा रही थी| हां और ना के बीच में झूलते हुए मैरिज सर्टिफिकेट बनवा लिया और अपने पैन कार्ड पर नाम बदलवा लिया| अपने आधार कार्ड पर उसने एड्रेस जल्दी से बदलवा दिया और वह कहती, अरे कुछ डाक्यूमेंट्स में तो मेरे अपने नाम रहने देती हूं| शादी के 1 महीने बाद ही पदमा को एक बहुत बड़ा डिजाइनिंग कॉन्ट्रैक्ट मिला और वह काम में व्यस्त हो गई| अब एक साल बाद इनकम टैक्स भरने की बारी आई| आजकल तो आधार और पैन कार्ड को लिंक करने की प्रथा है| पैन और आधार कार्ड में अलग-अलग नाम होने की वजह से मामला रुक गया पदमा को साइट का काफी काम था और उस बीच यह सारे प्रोसेस के लिए उसके पास बिल्कुल वक्त नहीं था|

यह छोटी सी बात घर में तनाव लाने लगी| आखिर शादी ही क्यों की? आखिर मैंने नाम ही क्यों बदला? यह शिकायतें बढ़ती गई! तुम्हारे परिवार में सब पुराने खयालात के हैं मैं कहां फस गई| एक दिन पद्मा ने गुस्से में आकर पैन कार्ड पर पुरानी सरनेम डालने के लिए अर्जी दे दी| बात तो कुछ नहीं थी पर बात बड़ी हो गई| इस एक छोटी सी चिंगारी ने एक खुशहाल जीवन में आग लगा दी| रिश्तो में

एक सरनेम से इतनी बड़ी दरार आ जाएगी यह किसी ने नहीं सोचा था|

आँसुओं में चाँद डूबा, रात मुरझाई

ज़िंदगी में दूर तक फैली है तन्हाई

जो गुज़रे हम पे वो कम है

तुम्हारे ग़म का मौसम है

नीला आसमाँ सो गया...

एक दिन पदमा की स्कूल फ्रेंड सीमा घर आई और पदमा से कहा, "तू तो आर्किटेक्ट है ना| जरा मुझे बता, कि अगर घर के फर्नीचर और दीवारों के कलर मैचिंग ना हो तो चलता है क्या? अगर पर्दे और तकीए मैचिंग ना करें तो चलता है क्या? तो बस वैसे ही पदमा, एक डॉक्यूमेंट में पुरानी और एक में नई सरनेम कहां का मैचिंग है? अगर तुझे अपनी सरनेम नहीं बदलनी हो तो एक डिसीजन ले और इस बारे में शांति से पियूष से समझौता कर लेना| प्लीज| एक सरनेम के लिए घर में शांति भंग करना तो कुछ ऐसा हो गया जैसे कि एक टाइल टूट गई हो और हमने सारा बाथरूम रिनोवेट करवा दिया|

पदमा अपनी भाषा में बात को तो समझ गई| बस उसे इस बात का अफसोस था कि यह केवाईसी कितना महत्व रखता है, काश उसे किसी ने पहले विस्तार से समझा दिया होता|

क्या आप मानते हैं कि इन्वेस्टमेंट में क्या मिलेगा या नहीं मिलेगा से भी पहले हमारे घर की लक्ष्मी के कागजात ठीक है या नहीं इस पर ध्यान देना बनता है? अगर हां तो अगली कहानी के पात्र संपदा से मिलते हैं|

इस कहानी को पढ़ने के बाद मेरे अपने विचार क्या हैं?:

____

____

____

____

____

____

____

कहानी - संपदा एक गाइनेकोलॉजिस्ट

संपदा एक गाइनेकोलॉजिस्ट है और कुछ सालों से बहुत बढ़िया काम कर रही है| संपदा और साहिल दोनों डॉक्टर हैं| साहिल एक हार्ट सर्जन है| दोनों अपने-अपने काम में काफी व्यस्त रहते हैं| महीने में चार से 5 दिन आराम करने दोनों कहीं बाहर घूमने चले जाते हैं| इन दोनों को परिवार आगे नहीं बढ़ाना क्योंकि यह अपने काम में मस्त रहकर ज्यादा से ज्यादा लोगों की सेवा करना चाहते हैं| दोनों के परिवार भी काफी ख्याल रखते हैं| संपदा कुछ हॉस्पिटल्स में नौकरी करते करते थक जाती थी इसलिए अब एक काउंसलर बनने का सोच लिया| अब उसने काफी सोच कर एक व्यवसाय खोला और शुरुआत की अपने पुराने गाइनेकोलॉजी पेशेंट से| अब तक संपदा और साहिल की जीवन शैली काफी बिंदास किस्म की थी| दोनों की आमदनी अच्छी थी तो मनचाहा खरीद लिया, जहां मनचाहा घूमने चले गए, शहर के अच्छे से अच्छे रेस्टोरेंट और रिजॉर्ट में दोनों अपना वीकेंड मनाया करते थे| पर अब जरा सिलसिला बदल गया था| जब वह ऑपरेशन थिएटर में जाती थी तो ऑपरेशन के अलावा कुछ और जिम्मेदारियों पर ध्यान नहीं देना पड़ता था| हॉस्पिटल के बाकी लोग सब कुछ संभाल लेते थे| पर अपने नए व्यवसाय को जमाने के लिए नया दौर संपदा को बहुत तकलीफ दे रहा था|

इस बीच किसी ने उससे इन्वेस्टमेंट और इंश्योरेंस के बारे में बताया| जहां इस हफ्ते क्या होगा यह पता नहीं था वहां 15-20 सालों तक की प्लानिंग उसकी समझ में ही नहीं बैठ रही थी| संपदा ने कहा - अभी पहले से मेरी जिंदगी में बहुत कुछ नया हो रहा है, अब यह नए निर्णय लेना मेरे

लिए मुश्किल है| हर छुट्टी में नए रिसोर्ट तो वह ढूंढ लेती थी, लेकिन अपने पैसों के लिए रिजॉर्ट जैसी प्लानिंग करने के लिए वक्त नहीं निकाल पा रही थी| साहिल भी काम में व्यस्त था| अब उन दोनों ने यही सोच रखा था कि हमारे बाद तो कोई है नहीं जिसके लिए हम इतने सेविंग करें और इतनी मेहनत करें| तो फिर जिंदगी ना मिलेगी दोबारा यही सोच कर जीते हैं! और बस वह अपने फैमिली वाले दोस्तों से कहते थे

अपनी तो जैसे तैसे
थोड़ी ऐसे या वैसे
कट जाएगी
आपका क्या होगा जनाबे आली

अब कुछ वक्त बाद हॉस्पिटल से आते वक्त साहिल का एक एक्सीडेंट हुआ और वह हॉस्पिटल में दाखिल था| अब संपदा को कुछ भी खबर नहीं थी कि कहां से सारी व्यवस्था करनी है| ना तो बैंक अकाउंट का पता था ना तो लैपटॉप का पासवर्ड जानती थी| बस किस्मत से एक बार होटल में क्रेडिट कार्ड का इस्तेमाल किया था, तो साहिल के कार्ड का पिन उसे पता था|

डॉक्टर्स को थोड़ी सी सहूलियत तो मिलती है पर किसी हॉस्पिटल में ऐसे पेमेंट में देरी करना यह किसी डॉक्टर को खुद को भी अच्छा नहीं लगता ना अब साहिल का इलाज और उसके आराम की जिम्मेदारी संपदा पर आ गई| और

हर छुट्टी में रिजॉर्ट जाने वाली इस "डबल इनकम नो किड्स फैमिली" को घर में ही हॉस्पिटल का माहौल मिलने लगा| संपदा अपने व्यवसाय पर ध्यान नहीं दे पा रही थी| और फिर कुछ महीनों में उसे आर्थिक चिंता होने लगी| अब कहीं मित्रों से बात करके उसे पता चला कि जिस मेडिक्लेम पॉलिसी को वह एक बोझ समझ रहे थे वही उनकी बचत की हिफाजत कर सकती थी| संपदा को सफाई से बहुत लगाव था| हर हफ्ते घर से लेकर हैंडबैग की सफाई वह बिना भूले करती थी| पर अब उसे समझ में आया कि यहां तो पूरी आर्थिक व्यवस्था ही सफेद है, शून्य है| एक मोड़ ने उनकी जिंदगी की गाड़ी को पांचवे गियर से पहले गियर में ला दिया| यूं हमें लगेगा कि कोई जिम्मेदारी नहीं थी पर संपदा पर ही सारी जिम्मेदारी आ गई थी|

क्या आप मानते हैं कि यह घूमने जाने के वक्त में साहिल और संपदा एक आर्थिक वेकेशन लेकर अपने सारे आर्थिक तंत्र पर समय देकर उसे ठीक कर लेते तो बेहतर होता? जिस तरह डिलीवरी के 9 महीनों तक धीरज रखना जरूरी है इस तरह लंबे समय के लिए इन्वेस्टमेंट की अच्छी प्लानिंग करके उन्होंने अगर समय दिया होता तो अच्छा था?

आपको लगता है कि साहिल कि जब आमदनी अच्छी थी तभी से संपदा को इस स्थिति के लिए पहले से मजबूत

बना देता तो अच्छा था? अगर हां तो अगली कहानी जरूर पढ़िए अब हम मिलेंगे अगली कहानी में एक कराटे टीचर प्रभा से

इस कहानी को पढ़ने के बाद मेरे अपने विचार क्या हैं?:

कहानी - प्रभा एक कराटे टीचर

एक छोटी सी गली में एक छोटे से कच्चे मकान में रहती थी - प्रभा, साथ में पति और दो बेटियां| पति सुबह फैक्ट्री में काम किया करते थे और प्रभा मोहल्ले के बच्चों को कराटे सिखा कर घर की आमदनी में हाथ बटाती थी| महीने की हर 1 तारीख को प्रभा अपनी सारी आय पति को सौंप देती थी| छोटी उम्र में ही प्रभा के पति की दिल का दौरा पड़ने से अचानक मृत्यु हुई| घर की हालत कुछ खास अच्छी तो थी ही नहीं और अब दो बेटियों को बड़ा कैसे करूंगी यह चिंता बार-बार प्रभा के मन में आती थी| अब एक दिन उसने अलमारी से पति की सारी पुरानी चीजें बाहर निकाली| तभी उसकी नजर कुछ कागजात पर पड़ी| यह पति की ली हुई कोई इंश्योरेंस की पॉलिसी थी| प्रभा ने सोचा, चलो अब कुछ राहत मिलेगी| यह जो पैसे आएंगे इससे में बच्चों की पढ़ाई को संभालना शुरू कर दूंगी| अगले ही दिन वह इंश्योरेंस कंपनी में सारे कागजात लेकर पहुंच गई| यहां उसे कहा गया कि आपको इस पॉलिसी से कुछ भी नहीं मिलेगा| प्रभा को बड़ा ताज्जुब हुआ| फिर गहराई से पता करके प्रभा को पता चला कि यह एक ऐसी पॉलिसी थी जहां पर प्रीमियम का भुगतान कम से कम 3 साल तक करना ही था| ना जाने क्यों प्रभा के पति ने सिर्फ ढाई साल सारी किश्त भरी थी| अगर वह बस ₹500 की 6 किश्त चुका देते तो प्रभा को ₹300000 मिल जाते| प्रभा को अपनी जिंदगी एक पंचिंग बैग समान लगने लगी| उसने सोचा,

तुझ बिन जोगन मेरी रातें, तुझ बिन मेरे दिन बंजारन

मेरा जीवन जलती बूँदें, बुझे-बुझे मेरे सपने सारे

तेरे बिना मेरी...

तेरे बिना मेरी, मेरे बिना तेरी, ये ज़िंदगी ज़िंदगी न

तेरे बिना भी क्या जीना

ओ साथी रे...

अगर मुझे इस बात की जानकारी होती तो मैं कैसे भी उनसे 6 किश्त रेगुलरली भरवा देती| आज 3000 ना भरने की गलती से ₹300000 परिवार से चले गए| वह भी ऐसे 300000 जिनसे प्रभा की बेटियां अच्छी तरह पढ़ कर इज्जत की जिंदगी जी सकती थी|

पॉलिसी जब कभी भी लो आपको नहीं लगता कि प्रभा जैसी सुलझी हुई पत्नी को सौंप देनी चाहिए???

अगर हां तो अगली कहानी में अब हम मिलेंगे एक बड़ी प्रख्यात कंपनी में डायरेक्टर ऐसी इंदिरा जी से|

इस कहानी को पढ़ने के बाद मेरे अपने विचार क्या हैं?:

कहानी - इंदिरा जी – एक बहुत नामांकित कंपनी की डायरेक्टर

2020 की साल में फेमिना, जो की औरतों में एक बहुत पॉप्युलर मैगज़ीन है, इन्होंने 100 एजुकेटेड और नौकरी करती महिलाओं की एक सर्वे की थी| यह महिलाएं अलग-अलग क्षेत्रों में काम करती है| यह सर्वे खास उनकी आर्थिक जानकारी और घर के आर्थिक निर्णयों में उनका कितना योगदान है यह समझने के लिए किया गया था| इस सर्वे से पता चला कि इतनी ज्यादा पढ़ी लिखी और दुनिया को इतना ज्यादा जानने वाली औरतें आज भी आर्थिक निर्णयों के लिए कुछ पुराने जमाने की स्कीम तक सीमित है|

- 92% ने सच कहा कि परिवार के और कई बार उनके खुद के आर्थिक निर्णय उनके पति, पिता, भाई या फिर बेटे ही लेते हैं| इन आंकड़ों में एक बहुत नामांकित कंपनी की डायरेक्टर ऐसी इंदिरा जी भी शामिल थी|
- 83% महिलाओं को म्युचुअल फंड या आज के जमाने के आर्थिक ऑप्शन सिर्फ नाम बराबर पता है|
- सबसे बड़ा ताज्जुब इस बात का था कि इनमें से 77% के आसपास लगभग एक से डेढ़ लाख रुपए की रकम यूं ही गुप्त धन बनके घर में रखी हुई है|
- इनमें से सारे लोग किसी न किसी लोन की भरपाई भी कर रहे थे पर जब इनसे ईऐमआई के

प्रोसेस के बारे में सवाल पूछे गए तो यह जवाब नहीं दे पाए थे|

- अब तक इनमें से सिर्फ 14% महिलाओं ने सोने के सिक्कों से ज्यादा आज के जमाने के डिजिटल गोल्ड को पसंद किया

- और 82% महिलाएं जानती है कि उनकी सैलरी से टैक्स हर साल कट जाता है| पर सिर्फ 5% ऐसी महिलाएं हैं जिन्होंने अब तक खुद अपने हाथों से इनकम टैक्स रिटर्न की फाइलिंग की है|

- 97% महिलाओं ने आज तक एक भी बार इनकम टैक्स रिटर्न फाइल करने के लिए जो वेबसाइट तैयार की गई है उसे खोला नहीं है|

जब इंदिरा ने यह सर्वे भरी तब वह यह नहीं जानती थी कि ऐसे आंकड़े सामने आएंगे| सर्वे के आंकड़े देखकर इंदिरा पहले तो घबरा गई फिर उसने काफी सोच कर यह समझा कि हम सबको "बेटी बचाओ बेटी पढ़ाओ" के तहत शिक्षण तो प्राप्त हो रहा है; इसलिए हम अपने व्यवसाय में काफी ऊंचाइयां हासिल कर रहे हैं| लेकिन जब बात आर्थिक शिक्षण की आती है तो आज भी शायद हम इस मामले में बहुत पीछे हैं|

लक्ष्मी को अगर ज्ञान प्राप्त होगा तभी
लक्ष्मी का सही मायनों में मान प्राप्त होगा

जैसे अमिताभ जी कहते हैं
"ज्ञान ही आपको आपका हक दिला सकता है"

इंदिरा ने यह चीजें समझ ली और इसीलिए इंदिरा ने तीन बातें तय कर ली|

एक, इंदिरा ने अपने सारे महिला कर्मचारियों को बुलाया और उनसे आने वाले सालों में उनको आर्थिक रूप से क्या-क्या चीजें लगेंगे उसकी एक सूची बनवाई| आने वाले 3 महीनों से लेकर 1 साल, 5 साल, 10 साल, 15 साल यह सारे के सारे वक्त उन्हें कहां-कहां कितने कितने पैसों की जरूरत पड़ सकती है उसकी एक सूची बनवा ली| और इन सब को यह सीख भी दी कि सिर्फ अपने करियर में नहीं रहना है; पर अपनी आर्थिक व्यवस्था पर भी ध्यान देना है|

इंदिरा ने एक और चीज पर गौर किया जब घर में पुरुषों को ऑनलाइन मीटिंग होती है तो सारा परिवार वह शांति से मीटिंग कर पाए इसका बहुत ख्याल रखते हैं| पर अगर घर की महिला की मीटिंग हो तो एक आम सी उम्मीद लगाई जाती है कि मीटिंग से पहले वह सब के नाश्ते, खाने, बच्चों के स्कूल वगैरह सारे इंतजाम सोच कर रख ले| शायद मीटिंग में उन्हें बीच में उठना भी पड़े तो कोई बात नहीं लेकिन घर की व्यवस्था बिल्कुल बदल नहीं सकती| अब ऐसे माहौल में खुद के लिए वक्त निकालना ही कभी कभी मुश्किल हो जाता

है; तो आर्थिक व्यवस्था समझने के लिए यह महिला वक्त कैसे निकाले| इसलिए इंदिरा ने अपनी ऑफिस में हर हफ्ते 1 घंटे का समय सिर्फ अपनी आर्थिक व्यवस्था पर सोचने के लिए नियमित कर दिया|

इंदिरा ने एक तीसरी चीज पर गौर किया| महिलाओं को लगभग उन्होंने आसपास जो कुछ भी देखा है उसके हिसाब से अपने आप को ढालने की आदत बना ली होती है| इसीलिए जब मोहल्ले में सब अपने बच्चों को ड्राइंग क्लास भेजते हैं तो महिलाएं अपने बच्चों को भी ड्राइंग क्लास भेजने लगती है| बदकिस्मती से हमारे समाज में महिलाएं आर्थिक व्यवस्था में बिल्कुल भाग नहीं लेती| और यही देख कर बाकी महिलाएं भी यही सोच लेती है कि उन्हें भी आर्थिक व्यवस्था में अपना योगदान देने की कोई जरूरत है ही नहीं| ऐसा ना हो इसलिए इंदिरा ने ऑफिस में ही महिलाओं को आर्थिक नियोजन में ध्यान देना है इस लक्ष्य से कई प्रोग्राम की घोषणा कर दी|

आपको लगता है ना कि इंदिरा ने तीन सही कदम उठाए??? अगर हां तो चलिए अगली कहानी की तरफ चलते हैं जहां हम जया नाम की एक कॉलेज की छात्रा के बारे में बात करेंगे|

इस कहानी को पढ़ने के बाद मेरे अपने विचार क्या हैं?:

कहानी - जया कॉलेज में पढ़ने वाली एक छात्रा

जया कॉलेज में पढ़ने वाली एक छात्रा है| जया को कॉलेज की अन्य लड़कियों की तरह साड़ी पहनने का बड़ा शौक था| कॉलेज से घर लौटते वक्त एक दुकान में जया ने एक बहुत प्यारी सी साड़ी देखी| ऊपर से वहां सेल - वह भी लगभग 50% सेल का बोर्ड लगा हुआ देखा| अब जया ने अपनी मम्मी से बात की और उनसे पैसे लिए| एक प्यासा जैसे कुएं के पास दौड़कर पहुंच जाए और उसे और किसी चीज का जरा सा भी होश नहीं रहता है, वैसे ही जया ने भी 7 दिनों तक उस सारी की विंडो शॉपिंग की थी तो उसके बाद वह 7 मिनट भी नहीं रुक पाई|

कभी कभी मेरे दिल में, ख़याल आता है
के जैसे तुझको बनाया गया है मेरे लिये

वह दुकानदार के पास गई और साड़ी खरीद ली| घर आकर उसने जल्दी से मम्मी को बुलाया और साड़ी का पैकेट खोला| साड़ी का पैकेट खोलते ही जया ने देखा कि साड़ी में तो एक डिफेक्ट है| गुस्से से लाल हो कर जया फिर दुकानदार के यहां पहुंची| अब दुकानदार ने उसे 50% सेल के पीछे लगे हुए 3 बोर्ड दिखाए| इन बोर्ड पर लिखा था "डिफेक्टिव साड़ी सेल" | "कोई गारंटी नहीं" | और "कोई एक्सचेंज नहीं"| बात समझ में तो आई लेकिन बहुत देर हो चुकी थी| इस साड़ी सेल के संदर्भ से मैं आपका ध्यान केंद्रित करती हूं कि हम अक्सर आर्थिक निर्णयों में भी कुछ इसी तरह की चीज

कर लेते हैं| जब कहीं पर भी हमने आर्थिक नियोजन के बारे में कुछ पढ़ा, या फिर किसी वेबीनार को सुना, या फिर किसी फाइनेंस के व्यक्ति ने हमसे किसी स्कीम का परिचय करवाया, तो हम उसकी विंडो शॉपिंग कर लेते हैं| जब बात फाइनेंस के डिसीजन की आती है तो हम विंडो शॉपिंग तक ही सीमित रह जाते हैं| यह पूरी किताब आपको आर्थिक मंत्री - फाइनेंस मिनिस्टर बनने के लिए प्रेरित कर पाए इसी लक्ष्य से लिखी गई है| होश खोकर जल्दबाजी में कोई भी आर्थिक निर्णय आपके लिए उस डिफेक्टिव साड़ी सेल की तरह अनुभव करवा सकता है| लेकिन सोचे समझे निर्णय में शॉपिंग करने में कोई हर्ज नहीं है|

बस हमको कुछ चीजों पर ध्यान देना है जैसे कि कुछ सालों पहले दुनिया के फाइनेंस गुरु यानी वारेन बुफेट ने कहा था कि सारे अंडे एक टोकरी में नहीं डालने चाहिए| यानी सारी की सारी आर्थिक व्यवस्था एक ही जगह पर नहीं रख सकते इसीलिए आपको भी अपने आर्थिक नियोजन पर थोड़ा सा समय देना होगा और उसे जिस तरह मैंने आपको इंदिरा जी की कहानी में बताया वैसे एक आर्थिक सूची का नियोजन करना होगा| जैसे जया एक छात्रा है वैसे आर्थिक नियोजन के लिए हमें आजीवन एक छात्रा रहना होगा| अगर हम आजीवन आर्थिक नियोजन के बारे में सीखते समझते रहेंगे तब जाकर हम इस नियोजन को और बेहतरीन बनाते जाएंगे| जमाना चाहे बदलता रहे लेकिन हम बदलते वक्त के

साथ जब अपने आर्थिक नियोजन का ज्ञान भी बढ़ाते रहेंगे तब जाकर लक्ष्मी ज्ञान से लक्ष्मी मान प्राप्त होगा| जया ने तो अपने डिफेक्टिव साड़ी सेल से बोध ज्ञान ले लिया| अगर आप भी अपने जीवन के किसी ऐसे अनुभव से आर्थिक नियोजन के लिए बोध ले सकते हैं, तो इसमें बिल्कुल देरी मत कीजिए| अगर आप जया की कहानी को अपनी जिंदगी से जोड़ पाए हैं, तो फिर इस किताब की आखिरी एक कहानी यानी विभूति की कहानी पर चलते हैं!

इस कहानी को पढ़ने के बाद मेरे अपने विचार क्या हैं?:

कहानी - विभूति: एक एनजीओ की फाउंडर

इस किताब की 9वी कहानी में बात करते हैं विभूति के बारे में| विभूति एक एनजीओ की फाउंडर है| विभूति की शादी 25 साल पहले वरुण से हुई थी| कुछ सालों पहले वरुण की अकाल मृत्यु की वजह से घर की और आर्थिक जिम्मेदारी विभूति पर आ गई| एक बेटा और एक विवाहित बेटी विभूति का ख्याल रखते हैं| अब तक की कहानियों में शायद आपने यह महसूस किया होगा कि अगर पैसे थोड़े से हो या फिर बस अपनी जिंदगी की हम अन्य जरूरतों को पूरा करने जितने हो तो आर्थिक नियोजन बहुत जरूरी बन जाता है| पर इस कहानी में मैं आपको एक नई बात दिखाना चाहती हूं|

वरुण एक व्यवसाय में थे और विभूति भी| दोनों की कमाई काफी अच्छी थी पर विभूति का मानना था कि महिला को अपनी इनकम से घर चलाने की कोई आवश्यकता नहीं होनी चाहिए| घर घर चलाने की जिम्मेदारी पुरुषों की होती है| इसीलिए विभूति की सारी कमाई या तो कुछ बेसिक से फिक्स्ड डिपॉजिट में बचत के तौर पर रखी जाती थी और बाकी उसके अपने निजी शौक में खर्च हो जाती थी| वरुण की अकाल मृत्यु के बाद सब कुछ बदल गया| अब विभूति ने आर्थिक नियोजन के बारे में जानना शुरू कर दिया| सबसे पहले उसने वरुण के आर्थिक नियोजन में क्या-क्या किया गया था इसकी छानबीन करना शुरू किया| क्योंकि दोनों कभी आर्थिक बातें घर पर नहीं करते थे| विभूति पर एक कहर ढा गया| विभूति को पता चला कि वरुण ने अनगिनत

आर्थिक प्लानर्स के साथ मिलकर बहुत सारे अलग-अलग इन्वेस्टमेंट किए थे| आपको जानकर ताज्जुब होगा कि वरुण के 16 बैंक खाते थे| जहां आज जन धन योजना के तहत सरकार हमें बैंक में खाते होने के फायदे समझा रही है वहां एक परिवार ऐसा भी था जहां पर 16 तरह के बैंक खाते थे| यहां तक कि वरुण के पास 22 फिक्स्ड डिपॉजिट की गई थी| जब-जब थोड़े थोड़े पैसे आते गए और जब भी किसी ने भी एक नई स्कीम के बारे में बताया, वरुण ने आंख मूंदकर हर जगह पर अपने पैसे इन्वेस्ट कर दिए| मैं आपसे पिछली कहानी में ही कह रही थी कि हमसे हमारे फाइनैंशल गुरु वॉरेन बफे ने कहा है कि सारे अंडे एक टोकरी में नहीं डालने चाहिए| लेकिन यहां पर तो कुछ ज्यादा ही एलोकेशन हो गई थी| एलोकेशन आपने ज्यादा की हो या कम की हो तकलीफ इससे नहीं आती; तकलीफ इस बात से आती है कि इसके बारे में पूरी तरह से विभूति अंजान थी| एक-एक करके जब सारे दस्तावेज विभूति के सामने आने लगे तो विभूति बिल्कुल घबरा गई| इतनी सारी चीजों के प्रोसेस में उसे कौन मदद कर पाएगा इसकी चिंता उसे होने लगी|

"जोदि तोर दक शुने केऊ ना ऐसे तबे एकला चलो रे" (बांग्ला)
: यदि आपकी बात का कोई उत्तर नहीं देता है, तब
अपने ही तरिके से अकेले चलो

कई बैंक अकाउंट ऐसे निकले जहां पर ना किसी तरह का नॉमिनेशन किया गया था ना तो विभूति उस खाते में जॉइंट होल्डर थी| ऐसे खातों के लिए उन्हें एक लंबा सा लीगल हैर सर्टिफिकेट बनवाना पड़ा| अन्य जानकारियों से पता चला कि वरुण ने कभी भी किसी भी तरह का इंश्योरेंस नहीं करवाया था| ऐसी अकाल मृत्यु के बाद परिवार के आर्थिक नियोजन की जिम्मेदारी जब विभूति पर आ गई तो विभूति को कुछ भी समझ में नहीं आ रहा था|

जाहिर सी बात है इतने सारे फिक्स डिपाजिट देखकर कुछ आर्थिक नियोजन के एक्सपोर्ट का मन भी ललचाया| कुछ लोगों ने कोशिश की कि विभूति का सारा का सारा पोर्टफोलियो वे खुद मैनेज कर पाए| लेकिन विभूति पति की गलती बिल्कुल नहीं दोहराना चाहती थी| सबसे पहले विभूति ने अपने वर्षों पुराना सपना पूरा किया| उसने एक एनजीओ की स्थापना की और उस एनजीओ में महिलाओं के लिए कई तरह के एक्टिविटीज शुरू किए| अपने परिवार के इस अनुभव से सीख लेकर विभूति ने अपने एनजीओ में शामिल होने वाली हर महिला के लिए आर्थिक नियोजन के बारे में छोटी से छोटी से लेकर बड़ी से बड़ी जानकारी उन्हें प्राप्त हो इसलिए कुछ ऑनलाइन वीडियो कोर्सेज तैयार करवाए| इस तरह विभूति ने अपने साथ हुई घटना की चेन को तोड़ दिया|

इस कहानी को पढ़ने के बाद मेरे अपने विचार क्या हैं?:

निष्कर्ष

सदियों से भारत में अनगिनत महिलाएं आर्थिक नियोजन को समझ नहीं पाती या फिर घर के नियम अनुसार उन्हें यह समझने दिया ही नहीं जाता| इस स्थिति में बदलाव आए इसीलिए इन 9 कहानियों के माध्यम से समाज को आईना दिखाने का प्रयास किया गया है| मुझे आशा है कि यह प्रयास आप ज्यादा से ज्यादा लोगों तक पहुंचाएंगे और हर महिला को सही मायनों में घर की लक्ष्मी बनने का हक दिलाएंगे| आज के और आने वाले जमाने के लिए यह बहुत ज्यादा जरूरी है कि लक्ष्मी का ज्ञान लक्ष्मी को दिया जाए ताकि लक्ष्मी अपने मान की रक्षा खुद कर पाए|

लेखिका का परिचय

प्रिय का अर्थ है पसंदीदा और अंका का अर्थ है एपिसोड! इसके साथ, प्रियंका हर वित्तीय कहानी में पसंदीदा एपिसोड बनने के मिशन पर है! वह लर्निंग लाइफलाइन ओपीसी प्राइवेट लिमिटेड की संस्थापक निर्देशक हैं। उनके पास 14 वर्षों का पूर्व अनुभव है जिसमें 36000+ दर्शकों के लिए पूरे भारत में 400+ वित्तीय जागरूकता कार्यशालाएं शामिल हैं। प्रियंका भारत की पहली स्वास्थ्य बीमा प्रशिक्षक भी हैं - जो 'एजेंटों' को 'व्यवसायी' बनने में सक्षम बनाती हैं। प्रियंका का मानना है कि वित्त और मनोविज्ञान एक शानदार संयोजन है और हर महिला को इस जीवन कौशल को सीखने में आनंद लेना चाहिए!

कुछ उपलब्धियां:

1. Woman Power in Learning & Development 2021 विजेता

2. गुजराती साप्ताहिक 'चित्रलेखा' द्वारा युवाओं के लिए 9 सबसे प्रेरक सलाहकारों में से एक के रूप में प्रदर्शित (श्री नीलेश शाह - एमडी, कोटक सिक्योरिटीज और श्री गौतम सिंघानिया - रेमंड्स जैसे दिग्गजो के साथ)

3. कुछ शादियों और छुट्टियों के दौरों में पारिवारिक वित्तीय अनुशासन पर आधारित मनोरंजक कार्यक्रम आयोजित किए!

4. 17 राष्ट्रीय और अंतरराष्ट्रीय शोध पत्र प्रस्तुत और प्रकाशित

5. गुजराती मिड-डे (मुंबई), कैपिटल वर्ल्ड (राजकोट, गुजरात) में कॉलम लेखिका

6. सामाजिक पहल के एक हिस्से के रूप में तारक मेहता का उल्टा चश्मा द्वारा स्वच्छता सैनानी सम्मानित

**Earning is Easy,
Spending is Easier...
The whole art lies in
Managing Finance!**

Author: Priyanka Acharya

- Director, L-Earning Lifeline OPC Pvt Ltd

www.thelearninglifeline.com